Información: leseditions.tossou@gmail.com

1 Crédito fotográfico ISTOCK 2220949232

Biblia utilizada: BLB Biblia lenguaje Básico

Ley francesa n.º 49-956, de 16 de julio de 1949, sobre publicaciones destinadas a la juventud

ISBN 978-2-489134-01-8

Depósito legal: abril de 2026 (France)

EL CAMINO DE LA ALEGRÍA

El gran viaje de Froubinou

VANESSA TOSSOU

Prólogo

Este libro nace de un deseo sencillo y profundo: que cada niño pueda conocer a Dios no solo con la cabeza, sino sobre todo con el corazón.

A través de los pasos de Froubinou en el Camino de la Alegría, se invita a los niños a descubrir que Dios está presente en su vida cotidiana, en sus emociones, en sus preguntas, en sus alegrías y en sus miedos.

Pensado para niños de 3 a 10 años, este libro respeta su ritmo, su lenguaje y su mundo interior, basándose en la Biblia como una luz suave y segura que les guía.
También pretende ser un apoyo para los padres y los monitores de la iglesia, llamados a acompañar a los más jóvenes en su crecimiento espiritual, gracias a referencias claras y herramientas sencillas para vivir el día a día.

Si, a lo largo de estas páginas, un niño aprende a hablar con Dios con confianza, a reconocer Su paz y a abrir su Biblia con alegría, entonces El camino de la alegría habrá cumplido su misión.
Con todo mi cariño.

Vanessa TOSSOU

Índice

El camino de las emociones

Salmo 139:2 *«Sabes cuándo me siento y cuándo me levanto; ¡aunque esté lejos de ti, me lees los pensamientos!»*

Froubinou llega a un sendero lleno de flores de colores.
Elige la flor que se parece a lo que siente.
Recuerda: «Dios conoce cada emoción de mi corazón.»
Su corazón se calma y el camino se ilumina bajo sus pasos.

Acciones

-Decir: «Hoy me siento...» (nombrar la emoción)
-Hacer una pequeña mueca de emoción.

Alegria
Tristeza
Miedo
Calma
Ira

El escondite del corazón sereno

Josué 1:9 *«... que no te desanimes ni tengas miedo, porque yo soy tu Dios y te ayudaré por dondequiera que vayas.»*

El viento sopla fuerte y **Froubinou** se siente inquieto. Tres pequeñas puertas se abren ante él.

Elige la que le recuerda que Dios siempre le acompaña.

Su corazón se calma; entonces puede continuar su camino.

Acción

¿Qué eliges para recuperar la paz?

La montaña de la confianza

Salmo 28:7 *«... Tú eres mi fuerza; me proteges como un escudo.»*

Una colina se alza ante Froubinou. Piensa que no lo conseguirá.
Cada escalón lleva una palabra:
«Dios me da su fuerza», «Sigo creyendo.»
En su cabeza, se dice: «Jesús me da la fuerza para seguir adelante.»
Su corazón se llena de valor. Froubinou llega a la cima.
Da gracias a Dios por haberle ayudado.

Acciones

- Decir: «Lo volveré a intentar.»
- No olvidar que Jesús está contigo, en la y que te ayudará.

Dios
me da su fuerza.
Sigo creyendo
Dios me da
su fuerza.

El jardín de la paciencia

Salmo 40:2 *«Toda mi esperanza la tengo puesta en Dios, pues él se inclinó hacia mí y escucho mis ruegos.»*

Froubinou ha plantado una pequeña semilla. Mira la tierra... nada se mueve.
Le gustaría que la flor creciera inmediatamente.
Para ayudar a la semilla, Froubinou la riega muy suavemente. Luego susurra: «Puedo esperar.»
Cuando lo hace con calma, aparece un pequeño brote.
Entonces dice:
«Dios hace crecer las cosas en el momento adecuado.»

Acción

Plantar una semilla y regarla cada día con delicadeza.

El bosque del compartir

Hechos 20:35 *«... Dios hace más feliz al que da que al que recibe.»*

Froubinou encuentra muchas manzanas rojas. Algunas se le escapan de las patas.
Recuerda: «Hay más alegría en dar que en recibir.»

Le da una a las ardillas. Su corazón brilla.

El camino se vuelve cada vez más bonito.
Compartir alegra el corazón.

Acciones

- Dar un regalo a alguien que conozces.
- Compartir los juguetes con los amigos, el hermano o la hermana.

El camino de la dulzura

Proverbios 15:1 *«La respuesta amable calma el enfado...»*

Una pequeña nube gris sigue a **Froubinou.**

Frunce el ceño, su corazón se encoge un poco. Una palabra de la Biblia le viene al corazón: «La mansedumbre apacigua la ira.»

Respira lentamente, sacude las orejas

y murmura: « Elijo la paz.»

La nube palidece, la luz vuelve al camino.

Acciones

- Respirar cuando la ira aumenta.
- Decir suavemente: « Elijo la paz porque Jesús me da su paz.»

La colina de la alegría

Nehemías 8:10 *« ... así que no os pongáis tristes, porque Dios se alegra al veros contentos.»*

Froubinou se siente muy débil. No sabe por qué.

Recuerda: «La alegría del Señor llena mi corazón.»

Burbujas de colores se elevan en el aire. Toca las burbujas más brillantes. Estas estallan en luz.

Ríe, salta.

Su corazón se vuelve ligero.

Avanza alegremente.

Aparece un camino dorado.

Acciones

- Salta tres veces diciendo :«¡Yupi!» mientras piensas en algo que te gusta.
- Observa la creación de Dios: el cielo, los pájaros, las nubes...

El camino de la verdad

Salmo 119:105 *«Tu palabra es una lámpara que alumbra mi camino.»*

Froubinou ha tirado sin querer un bote de semillas. No quiere que le regañen. No sabe qué hacer.

Tiene tres puertas delante de él.
La verdad... Esconderse... Cambiar de tema.

Froubinou decide decir la verdad y abre la puerta correcta.
Las otras permanecen cerradas.
La luz vuelve cuando dice la verdad.
Detrás de la puerta aparece un pueblo.

Acción
Decir la verdad todos los días, incluso cuando es difícil.

La verdad
Esconderse
Cambiar
de tema

El pueblo de la bondad

1 Juan 3:18 « *Hijos míos, no debemos limitarnos a decir que amamos, sino que debemos desmostrarlo por medio de lo que hacemos.»*

Un pajarito está posado en el suelo, muy cansado.
Froubinou se acerca suavemente para ayudarlo.
Comparte un poco de pan.
Le lleva agua fresca.
Froubinou recuerda: «Amar es ayudar.»
El pájaro vuelve a volar.
Froubinou continúa, feliz.

Acciones
-Ayudar a mamá o papá a ordenar la casa.
-Decir una palabra amable a su hermano o a su hermana.

La puerta de la escucha

Proverbios 4:20 *«Escucha con atención, hijo mío, las palabras que te digo.»*

Hay mucho ruido alrededor de Froubinou, y él se siente perturbado. Cierra los ojos, escucha un sonido, luego una melodía.

En su corazón, Froubinou comprende que Dios habla sin cesar, y que cuando uno se calma por dentro, es más fácil escuchar su voz, incluso en medio del ruido. La calma abre su corazón... y la puerta se ilumina.

Acciones

– Hacer un momento de silencio.
– Cerrar los ojos unos segundos.
– Decir en voz baja: «Señor, te escucho.»

La victoria

Froubinou sale del laberinto y salta de alegría: ¡ha ganado!
Una gran luz en forma de corazón rodea a Froubinou.

Mensaje para el niño
¡Tú también has ganado!
Lee tu Biblia a menudo: te ayudará cada día a tomar las decisiones correctas.

"Dios promete alegría, paz y protección a quienes guardan Sus mandamientos."

ANEXO 1 — GUÍA PARA PADRES Y MONITORES

Acompañar al niño (de tres a diez años) en El Camino de la Alegría.
Este anexo ayuda al adulto a relacionar cada etapa vivida con Froubinou con una necesidad espiritual esencial del niño. Los capítulos del libro no son solo historias: se convierten en herramientas sencillas para hacer crecer el corazón del niño en el día a día.

1. Sentirse conocido y amado por Dios

Necesidad clave: Descubrir que Dios conoce y ama personalmente al niño.
Capítulo asociado: El camino de las emociones
El niño aprende que Dios conoce todas sus emociones. Expresar lo que siente, hacer muecas, elegir una flor: todo ello le ayuda a comprender que puede ser sincero ante Dios sin miedo.
Papel del adulto: Aceptar la emoción sin corregirla. Simplemente decir: «Dios sabe lo que sientes y te ama».

2. Encontrar la paz y la seguridad en Dios

Necesidad clave: Sentirse seguro y protegido.
Capítulo relacionado: El escondite del corazón sereno
Ante la inquietud, Froubinou elige la presencia de Dios. El niño aprende que puede encontrar la paz con una simple elección.
Papel del adulto: Nombrar el miedo y luego recordar con calma: «Dios está contigo».

3. Recibir la fuerza y la confianza para seguir adelante

Necesidad clave: Aprender que Dios ayuda cuando las cosas se ponen difíciles. Capítulo relacionado: La montaña de la confianza

Cada paso recuerda una verdad sencilla: Dios da la fuerza. El niño comprende que puede volver a intentarlo.

Papel del adulto: Animar el esfuerzo más que el resultado. Valorar la perseverancia.

4. Aprender la paciencia y el tiempo de Dios

Necesidad clave: Comprender que no todo llega de inmediato. Capítulo relacionado: El jardín de la paciencia

La semilla que crece lentamente hace visible el tiempo de Dios, adaptado al niño.

Papel del adulto: Mostrar que la espera puede ser tranquila y confiada.

5.Descubrir la alegría de dar y compartir

Necesidad clave: Crecer en generosidad. Capítulo relacionado: El bosque del compartir

Compartir alegra el corazón y embellece el camino.

Papel del adulto: Valorar cada gesto de compartir, por pequeño que sea.

6. Elegir la dulzura y la paz

Necesidad clave: Aprender a gestionar la ira. Capítulo asociado: El camino de la dulzura

Respirar, hablar con suavidad, elegir la paz: el niño descubre otra respuesta posible.

Papel del adulto: Dar ejemplo con una voz tranquila y gestos suaves.

7. Vivir la alegría como una fuerza

Necesidad clave: La alegría del Señor nos hace fuertes. Capítulo asociado: La colina de la alegría. La alegría se vive con el cuerpo: saltando, riendo, sonriendo.

Papel del adulto: fomentar la expresión alegre y la gratitud diaria.

8. Comprender la importancia de la verdad

Necesidad clave: decir la verdad ilumina el camino y abre la puerta correcta.

Capítulo relacionado: El sendero de la verdad

Papel del adulto: tranquilizar al niño: la verdad aporta luz, no rechazo

9. Aprender a amar con acciones

Necesidad clave: Comprender la bondad concreta. Capítulo relacionado: El pueblo de la bondad.

Ayudar, compartir, cuidar: el amor se vive en actos sencillos.

Papel del adulto: Valorar los gestos de amor cotidianos.

10. Aprender a escuchar a Dios

Necesidad clave: Descubrir la calma y la escucha interior. Capítulo relacionado: La Puerta de la escucha.

El silencio interior abre el corazón. El niño aprende que Dios habla en todo momento.

Papel del adulto: Crear breves momentos de silencio tranquilo.

Mensaje final: La victoria.

El niño comprende que nunca está solo: la Palabra de Dios guía su camino.

Papel del adulto: Recordar a menudo que caminar con Dios trae alegría, paz y protección.

ANEXO 2 – 10 Actividades familiares cristianas

1. Un momento de oración por la noche con una frase sencilla para repetir.

2. Leer una historia bíblica ilustrada cada semana.

3. Hacer un cuaderno de gratitud familiar.

4. Hacer un dibujo de «Dios me protege» para colgar en la habitación.

5. Cantar un himno o una canción cristiana al despertarse.

6. Representar con mímica escenas positivas de la Biblia.

7. Crear un tarro de la amabilidad en el que cada uno deposite pequeñas notas.

8. Dar un paseo por la naturaleza hablando de las creaciones de Dios.

9. Organizar un mini culto familiar el domingo por la mañana.

10. Hacer un rompecabezas bíblico o una actividad manual inspirada en un pasaje.

Estamos comprometidos con la protección del medio ambiente.
Este libro ha sido impreso respetando las normas de biodiversidad.

www.ingramcontent.com/pod-product-compliance
Lightning Source LLC
LaVergne TN
LVHW070203110826
845147LV00002B/484

* 9 7 8 2 4 8 9 1 3 4 0 1 8 *